Lk 1095.

LE

# CLOCHER DE SAINT-MICHEL

DE BORDEAUX,

ET SON CAVEAU.

**Prix : 50 centimes.**

# PRÉCIS HISTORIQUE

## SUR

# LE CLOCHER DE SAINT-MICHEL

## ET

# SON CAVEAU.

BORDEAUX,
IMPRIMERIE DE JUSTIN DUPUY ET COMP., RUE MARGAUX, 11.

1855

# LE CLOCHER
## DE
# SAINT-MICHEL
### ET SON CAVEAU.

Cet édifice était autrefois un objet d'admiration pour tous les étrangers qui visitaient Bordeaux. La flèche qui le surmontait en faisait l'un des plus beaux et des plus gigantesques de l'Europe.

Nos pères n'obéissaient pas simplement à un sentiment de vanité, lorsqu'ils consacraient tant de soins et d'argent à des œuvres de ce genre. Les idées religieuses dominaient chez eux et devaient nécessairement favoriser un culte qui exige des temples somptueux, des cérémonies imposantes, un appareil éclatant. Aussi, grâce à la munificence et à la piété des fidèles, les arts, encouragés et ennoblis, se réunissaient-ils pour élever à l'Église des monuments magnifiques et durables.

La tour de Saint-Michel est un de ces splendides ouvrages dus à la foi de nos ancêtres.

On a attribué ce vaste clocher à l'industrie des Anglais pendant le temps de leur domination à Bordeaux. Afin sans doute d'accréditer cette opinion, on a prétendu que sur la flèche qui terminait anciennement la tour, se trouvaient des fleurs de lys renversées, destinées, comme on le sait, à perpétuer le souvenir de la victoire des Anglais à Poitiers.

Il est facile de relever cette double erreur. La tour Saint-Michel ne fut commencée qu'au mois de février 1472, et depuis 1463 (date bien antérieure), les Anglais avaient définitivement abandonné la Guienne (1). Les Bordelais seuls ont donc présidé à la construction du clocher de Saint-Michel, et l'on ne peut supposer qu'ils aient jamais voulu éterniser sur l'un de leurs édifices la gloire des ennemis de la France.

On a fait, avec non moins d'injustice, aux Anglais l'honneur d'avoir enrichi Bordeaux des anciens monuments qui remontent à l'époque de leur présence en Guienne. Comme l'observe très-bien l'abbé Beaurein (2), les Anglais étaient établis en très-petit nombre dans la

---

(1) Ce fut la mort et la défaite de Talbot, le meilleur général anglais de cette époque, à la bataille de Castillon, qui provoquèrent l'expulsion définitive des Anglais de la Guienne. Bordeaux ouvrit ses portes aux Français, et Gadifer ou Godefroy Scortoise signa comme maire, au nom de l'Angleterre, la capitulation de la ville avec Charles VII, roi de France.

(2) Auteur des *Variétés Bordelaises*, décédé en 1790, rue du Hà, à Bordeaux.

ville, et n'existaient d'ailleurs que d'une manière très-précaire, continuellement inquiétés dans leurs possessions, quelquefois même expulsés. Les Bordelais, au contraire, qui occupaient toutes les charges municipales et qui avaient le gouvernement des corps ecclésiastiques et séculiers, pouvaient seuls former les projets de vastes constructions et en ordonner la dépense.

La tour de Pey-Berland (1) existait déjà lorsqu'on posa la première pierre de celle de Saint-Michel. Les habitants de cette seconde paroisse, animés par une noble émulation, voulurent que leur clocher l'emportât en grandeur et en beauté sur celui de Pey-Berland, et ils n'épargnèrent rien pour arriver à ce résultat.

L'ouvrage fut confié à deux habiles architectes, *Jean Lebas,* père et fils. Un pareil nom, dit l'abbé Beaurein, n'était guère analogue au savoir de deux hommes qui avaient le talent de construire des édifices si élevés. Le docte abbé, comme on le voit, n'était pas académicien pour rien.

On fit usage d'un nouveau système d'échafaudages et de grues que venait d'inventer un charpentier de Bordeaux, nommé *Abelot.*

Dès le mois de septembre 1492, le clocher était parvenu

---

(1) Ce clocher, dont la flèche a été abattue en 1793, fut commencé le 6 octobre 1440, et porte encore le nom de son fondateur. *Pey* ou *Pierre Berland*, fils d'un simple laboureur du Médoc, devint chanoine de l'église cathédrale de Saint-André, et fut plus tard élu archevêque de Bordeaux.
Une partie de ce monument, construit près de la cathédrale, est encore debout.

à une hauteur considérable, et, lorsqu'il s'agit de placer les dernières pierres, on ne trouva que deux maçons assez hardis pour se charger de cette périlleuse mission. La tradition a conservé leurs noms : l'un s'appelait *Beauducheü*, et l'autre *Le Reynart*.

Dans ce temps-là les actes de courage étaient-ils moins rares qu'aujourd'hui? Quoiqu'il en soit, ils se payaient moins cher; car ces deux hommes, pour toute récompense, eurent chacun un habit de drap gris, et les deux habits n'avaient coûté ensemble que la modique somme de 15 livres et 13 liards, y compris la façon. Ces détails se trouvent consignés dans un registre gascon de la fabrique Saint-Michel, rédigé en ces termes par MM. Raymond Ayquem et Pierre Dugrava, syndics de la paroisse :

Item, *plus paguat la deyta vespra de sent Miqueu per tres alnes de drap gris per far duas raubas à Huguet Bauducheu et à Guillaumes Lo Reynart, massons, à causa que voulussen prene la pena de massonar l'aiguilha dou cloquey jusques à la fin ; car jo no trobavy homme quy y volus prene la charge. — Monte tot ab lo drap, forradusa et feysson*, XV *francs*, XIII *arditz*.

A la fin du même mois de septembre, la grande aiguille du clocher était terminée. Autour de cette aiguille-mère s'en élevaient six autres plus petites, et que le peuple, dans son langage naïf, appelait les filles, *las filholes deü cloquey*.

A la même époque, on posait la croix qui devait faire le couronnement de la tour. Cette croix était en fer, et ne pesait pas moins de douze quintaux ; elle fut bénie par

Mgr *Garney* (Garnier), prieur de Bardanac, qui remplissait les fonctions d'évêque portatif (1).

On introduisait en même temps dans la tour deux grandes cloches, et quelques autres plus petites.

L'édifice n'avait pas alors moins de cent mètres de hauteur depuis la superficie du sol. Cette élévation devait être prodigieuse, surtout si l'on remarque que le clocher de Saint-Michel est bâti sur un des points les plus élevés de la ville (2).

Au mois d'octobre de la même année 1492, on enlevait les échafaudages; ce qui semble attester que tous les travaux étaient terminés à cette époque.

Cependant, d'après l'abbé Beaurein, auquel la plupart de ces détails sont empruntés, au mois de janvier de l'année suivante 1493, on abattit un mur qui était entre *deux piliers neufs*, et ainsi, à diverses reprises, on détruisit trois murs semblables.

Il serait possible que ces murs fussent ceux d'un ancien clocher qui existait d'abord, et qu'on avait conservé afin de faciliter la construction du nouveau. Ce second clocher une fois établi, l'on aurait renversé l'ancien; et, après cette démolition, la tour ne dut avoir pour soutien que les six gros piliers qui lui servent de base. Ce qui

---

(1) C'est ce que nous appelons aujourd'hui évêque *in partibus*.

(2) Il servait de balise aux navigateurs qui entraient en rivière de Bordeaux. Dans un projet de restauration dressé en 1810 par M. *Combes*, cet habile ingénieur établit par des calculs qu'un fanal placé à la boule qui devait couronner la flèche, se trouverait élevé à 120 mètres au-dessus du niveau de la mer, et qu'il pourrait être vu par un matelot en vigie sur un mât de 24 mètres de hauteur, à une distance de 72,248 mètres.

confirmerait cette opinion, c'est que les murs qu'on remarque aujourd'hui entre ces piliers sont d'une date plus récente que le reste de l'édifice; ils ont été construits longtemps après le clocher, afin sans doute d'en assurer la solidité.

Le charnier de Saint-Michel est plus ancien que la tour. Au rapport de Beaurein, dès l'an 1397, les membres de la confrérie de Saint-Michel y firent célébrer, suivant l'usage, un anniversaire le jour de l'Invention de Saint-Etienne. Dans le caveau actuel, où l'on descend par vingt-sept marches, on remarque des fenêtres en ogive, murées en dehors, qui prouvent évidemment que ce lieu était autrefois une chapelle séparée du charnier, et où avaient lieu divers services commémoratifs tels que celui dont il a été question plus haut. Cette chapelle fut réunie au caveau en 1575, époque à laquelle ce caveau dut être agrandi à cause des nombreux ossements qui l'encombraient. On construisit en même temps la voûte qui existe encore, et sur laquelle on voyait cette inscription : « 1575, *omnes quidem resurgemus*. » Cette inscription a été recouverte par le mortier lorsqu'il a fallu réparer la voûte. Autour d'une des ogives des fenêtres on a tracé très-lisiblement ces mots : « *Tu es poussière et tu retourneras en poussière.* » Cette pensée est loin d'être aussi consolante que la première (1).

---

(1) Le plancher sur lequel on marche dans ce caveau, recouvre, dit-on, six mètres d'ossements humains. Il est de forme circulaire et entouré d'une balustrade qui ne permet pas de toucher les corps placés contre la muraille. Au milieu, on a placé une croix en bois

On voyait anciennement dans ce charnier l'issue d'un souterrain qui aboutissait à la place du *Marché-Neuf*. Cette place, qui avoisine l'église, était autrefois un cimetière : c'est-là, dit-on, qu'ont été trouvées ces momies qui attirent tant de monde au caveau de Saint-Michel. Ces corps desséchés, très-curieux à considérer, ont été, sans doute, préservés de corruption par suite de la nature calcaire ou sablonneuse du terrain dans lequel ils étaient ensevelis.

peint en noir, sur laquelle sont gravées différentes inscriptions tirées des livres saints.

La plus ancienne des momies renfermées dans ce lieu ne compte pas moins de huit cents ans. Ce fait atteste l'antériorité du caveau à l'édification du clocher.

La tradition nous a conservé la connaissance de quelques faits que nous allons faire connaître :

« Parmi les habitants de ce séjour de la mort se trouve un groupe
» de quatre personnes de la même famille, empoisonnée, dit-on,
« par les champignons. Les traces de la douleur qui se lisent encore
» sur ces figures ne laissent aucun doute sur ce genre de mort, qui a
» dû être terrible pour ces malheureux. Le père paraît être celui qui
» a le moins souffert, ou peut-être celui qui a lutté avec plus de cou-
» rage contre les tortures qui le dévoraient ; quant à la mère et à un
» enfant de quatorze à quinze ans environ, il y a sur leurs traits les
» traces d'une souffrance qui attriste profondément en portant à
» songer combien ont dû être terribles les derniers moments de leur
» existence.

» Plus loin, deux femmes, paraissant être mortes vers l'âge de qua-
» rante à cinquante ans, attirent les regards par de vastes cavités
» dans la poitrine, l'une au sein droit, l'autre au sein gauche, cavités
» qui décèlent les ravages d'un mal affreux.

» Le duel compte aussi une victime dans ce triste séjour. Le gé-
» néral *de Preissac*, d'autres disent un M. *de Lachassaigne*, tué en
» combat singulier par M. *de Lachalottais*, procureur-général au
» Parlement de Rennes, est là debout avec sa haute stature, por-

Des études ont été faites par M. Puymaurin sur cette sorte d'anomalie ; il paraît que la chaux éteinte agit sur ces cadavres au point de leur faire perdre toutes leurs parties volatiles, et de réduire un corps de cent cinquante livres pesant au poids de douze livres, sans cependant que ce corps perde sa forme.

Il est vrai que c'est de la poussière sous une figure humaine ; les intestins prennent feu et sont souples comme

» tant sur le côté droit de la poitrine la place du fer qui le fit tom-
» ber sous le coup de son ennemi.
» On remarque encore un jeune adolescent de quatorze à quinze
» ans environ, qui résume en lui tout un drame affreux. Sa position
» contournée, son torse tourmenté par la plus violente douleur, l'un
» de ses bras levé contre la pierre qui le recouvre, l'autre fortement
» appuyé vers le bas, pour l'aider à faire un dernier et violent effort,
» afin de rompre l'obstacle qui l'enchaîne dans son étroite prison,
» indiquent que cet infortuné a été enterré vivant ; que, se réveillant
» dans son cercueil, il a appelé à lui toutes les puissances de son
» être pour ressaisir la vie qui n'avait été que suspendue chez lui ; ses
» mains sont crispées, et sur sa figure, plus expressive qu'on n'aime-
» rait à la voir, sont empreintes les traces de la terreur et du plus
» cruel désespoir.
» Un homme aux formes athlétiques, à la carrure herculéenne,
» dont la peau rude et intacte a presque l'épaisseur d'un cuir de
» bœuf, s'y voit aussi ; on l'appelle le *portefaix*, parce qu'il fut doué,
» dit-on, d'une force prodigieuse, qui lui fut fatale, puisqu'il mou-
» rut sous le poids d'une charge énorme.
» On cite encore un squelette de femme qu'on croit être celui d'une
» négresse.
» L'une des moins anciennes momies déposées dans ce lieu funè-
» bre, est un ancien bénéficier de l'église Saint-Michel, connu dans
» les titres de la paroisse sous le nom de *père Félix*. Ce bon religieux
» semble dormir du sommeil des justes ; ses traits, empreints d'une
» sérénité remarquable, attestent qu'il s'est endormi dans l'éter-
» nité avec une entière résignation et une conscience calme et sans
» reproche. »

l'amadou; le cerveau est réduit à une poudre grossière comme la sciure de bois. Cependant la face conserve encore les traits de la physionomie, et il n'est pas impossible de lire sur la figure de plusieurs les passions qui les ont agités pendant leur vie. Chez tous on remarque une sorte de rire hideux produit sans doute par la contraction des muscles; il semble que ces morts rient des vivants.

L'église de Saint-Michel, telle qu'on la voit aujourd'hui, a pris la place d'une église romane, dont les absides et plusieurs piliers ont été retrouvés lors des fouilles pratiquées en 1853 pour la construction de la nouvelle sacristie; l'église existait longtemps avant que la tour ne fût construite. Cette tour, qui avait coûté tant de travaux, n'a échappé que par une sorte de miracle à une ruine complète.

Déjà le clocher de Saint-Michel avait été occupé par les factieux lors d'une émeute survenue au commencement d'avril 1589 (1).

En 1675, des troubles plus sérieux éclatèrent à Bordeaux à propos de différents impôts sur le tabac, le papier timbré, la marque de l'étain et des métaux. Ces troubles étaient en partie apaisés, lorsque arriva de Catalogne un corps d'armée qui séjourna dans la ville et y

---

(1) Ce clocher était considéré comme pouvant au besoin servir de forteresse. — « Le 14 mai 1635, il y eut, dit *la Chronique*, émeute » à Bordeaux contre les gabeleurs. Le duc d'Épernon arriva de Ca- » dillac pour apaiser le tumulte, et commença par prendre posses- » sion de la tour Saint-Michel. »

commit toutes sortes d'exactions. Le peuple se souleva de nouveau, et il fallut l'effusion du sang pour le faire rentrer dans l'ordre. On prit les mesures les plus sévères afin d'empêcher de nouvelles séditions. On désarma, par ordre du roi, les habitants de la ville et des faubourgs, et leurs armes furent portées au Château-Trompette (1) avec les cloches qu'on descendit des clochers de Saint-Michel et de Sainte-Eulalie (2). On démolit la porte de Sainte-Croix, ainsi qu'une partie des murs qui défendaient Bordeaux de ce côté. Le canton de Saint-Michel avait été le principal théâtre de la rébellion ; les séditieux avaient pénétré dans la tour, et de là avaient sonné le tocsin. Ordre fut donné d'abattre cet édifice. *Mais*, dit la Chronique, *cette pyramide, qui est un des plus beaux ouvrages de l'Europe, fut conservée par une providence particulière, en ce qu'ayant été faits divers proclamats en l'hôtel de ville pour la démolition de ce chef-d'œuvre, il ne s'y présenta personne qui voulût l'entreprendre.*

Si la main des hommes a épargné cet antique monument, celle du temps ne l'a pas respecté.

Déjà le 5 décembre de l'année 1574, la foudre était tombée sur le clocher de Saint-Michel et l'avait abîmé en plusieurs endroits ; elle le frappa de nouveau le 22 janvier 1608 : la pointe de la flèche fut emportée, ainsi que la croix de fer. Il y eut à cette époque, ajoute *la Chro-*

---

(1) Forteresse qui a fait place à la promenade publique qu'on appelle *les Quinconces*.

(2) Seize ans plus tard, c'est-à-dire le 15 mai 1691, deux de ces cloches furent rétablies, par ordre du roi, dans le clocher de Saint-Michel.

*nique,* de grands tonnerres à Bordeaux ; l'orage détruisit plusieurs édifices : ce qui fut trouvé étrange à cause de la saison.

Le 24 juin 1660, à quatre heures du matin, il y eut un tremblement de terre si violent, que quelques pierres de la tour Saint-Michel tombèrent par terre, et, en même temps, les bourgeois sentirent leurs lits remuer comme si on les eût secoués.

Enfin, un des plus forts ouragans qu'on ait ressentis dans ce pays abattit soixante-douze pieds du clocher de Saint-Michel dans la nuit du 8 septembre 1768. Depuis, on en a démoli une partie pour en aplanir le sommet, qui finit aujourd'hui un peu au-dessous de la grande galerie (1).

Un télégraphe avait été placé au-dessus de la tour pendant l'hiver de 1822, à l'occasion de la guerre d'Espagne ; il a été enlevé au mois de décembre 1853.

Plusieurs tentatives ont été faites à diverses époques, ayant pour but de provoquer la restauration générale du clocher Saint-Michel, ainsi que la reconstruction de la partie qui a été démolie. Malheureusement, toutes les propositions qui ont été adressées à ce sujet sont demeurées sans résultat. C'est en vain que M. de Tourny père, lui-même, éleva la voix en faveur de ce monument ; il ne fut pas écouté. Depuis plusieurs années, le Conseil d'arrondissement de Bordeaux et le Conseil général de la Gironde expriment le vœu que le clocher soit restauré, et

---

(1) De ce point l'on découvre le plus magnifique panorama qu'il soit possible de contempler.

— 16 —

que sa flèche soit réédifiée. Le Conseil de Fabrique de la paroisse ne cesse de former la même demande. Les sacrifices considérables qu'il s'est imposés pour la restauration et l'isolement de l'église, détermineront sans doute bientôt l'État et la ville à entreprendre une œuvre si impatiemment attendue.

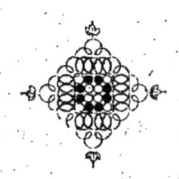